食べたいときにすぐ作れる

まいにち
簡単10分お

rako

Simple sweets to eat everyday

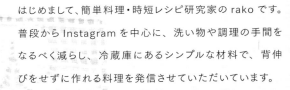

はじめに

はじめまして、簡単料理・時短レシピ研究家の rako です。普段から Instagram を中心に、洗い物や調理の手間をなるべく減らし、冷蔵庫にあるシンプルな材料で、背伸びをせずに作れる料理を発信させていただいています。

私が簡単・時短料理をはじめたきっかけは、今から10年ほど前。子どもの体が弱く、家ですごす時間が長くなったことがきっかけでした。家に居ながら家族で楽しい食事がしたい、そしてできれば作る側の手間もなるべく減らしたい、そんなことを考えて料理をしているうちに、たくさんのレシピができ上がっていきました。

そうして考案したレシピを多くの人に知ってもらおうと、今から2年ほど前に Instagram をはじめ、現在に至ります。おかげさまでこれまでたくさんの方に試していただき、「おいしかった！」「簡単にできた！」とうれしい声をいただいています。試行錯誤して生み出したレシピが多くの方に喜んでいただけるのが、何よりうれしくやりがいを感じています。

そして今回、念願だったレシピ本が発売となり、感謝の気持ちでいっぱいです！
本書では、特に Instagram で反響のあったおやつを厳選し、さらにおいしく手軽に作れるよう改良したレシピに加え、Instagram にはのせていない、新しいレシピもたくさん盛り込みました。

焼いたり、冷やしたりの時間を除けば、作業時間もほぼ10分以内で、簡単に作れるものばかり。お菓子作りは難しそうと思っている方にも、まずは気軽にチャレンジして欲しい、そんな思いを込めて『まいにちの簡単10分おやつ』というタイトルにしました。

写真もとても素敵に撮っていただき、ページをパラパラとめくって、眺めているだけでも可愛い一冊に仕上がりました。
目で見て楽しんで、作ってさらに楽しんで。
本書が皆さんのお役に立てたら幸いです。

簡単料理・時短レシピ研究家

rako

Contents

Part 1 SNSでいいね殺到！ 人気おやつBEST12

Part 2 材料3つ以下でできる簡単おやつ

Part 3 混ぜて焼くだけの簡単おやつ

Staff

デザイン／木村百恵
撮影／北原千恵美
スタイリング／細井美波
調理協力／好美絵美
　　　　　三好弥生
調理・スタイリングアシスタント／
　　　　　坂本京子
編集協力／上野真依
校正／文字工房燦光
編集／石坂綾乃（KADOKAWA）
撮影協力／UTUWA
　　　　　AWABEES

簡単
おいしいの
秘密が
いっぱい♡

rako の時短 & 手間なしテクニック

誰でも手軽に簡単に、失敗せずに作れるレシピを普段から研究しています。そこでたどり着いた、私のラク技をご紹介します。

1

量る手間をできるだけカット！

めんどうな計量の手間を省けるよう、できるだけ売られている分量のまま使い切れるレシピを考えています。例えば生クリームなら1パック200㎖、板チョコレートなら1枚50g。ホットケーキミックスは150g。そのまま使えば量る手間がかからず、時短にもつながります。

2

洗い物を減らすアイデア満載

作った後に洗い物が山のようにあると気持ちもげんなり。そこで、「ポリ袋で生地を混ぜたり、絞る」「ボウルはその都度洗わずくり返し使う」「台の上にラップを敷いて汚れるのを防ぐ」など、なるべく洗い物が増えないように、さまざまな工夫を凝らしています。

電子レンジをフル活用して
時短 & 簡単

普通だったらフライパンやオーブンを使うレシピでも、できるだけ電子レンジを使っています。本書では、電子レンジ1つで作れるレシピも多数盛り込みました（P75参照）。鍋やフライパンを使わないので洗い物が少なく、火を使わずできるので、失敗しにくく簡単に作ることができます。

材料はなるべく少なく
3つ以下でできるレシピ多数

材料が多いと、お金もかかるし揃える手間も！お菓子作りのハードルがどうしても高くなってしまうので、もっと気軽にお菓子作りを楽しんでもらえるよう、材料はできるだけ減らしました。材料3つ以下でできるレシピ（P35参照）もたくさん紹介しています。

オーブンでもトースターでも
できるレシピがいっぱい

オーブンがない場合でも作れるように、トースターとオーブンどちらでも作れるレシピを多めに紹介しています。ケーキなどを焼く場合はオーブンの方がふっくら仕上がりますが、トースターの方が早く火が通り時短になるので、そのときどきの状況で使い分けてください。

フライパンで
ケーキが作れる！

お菓子作りの中でもハードルが高いと思われがちなケーキですが、フライパンを使えば簡単に作ることができます。一見難しそうなプリンケーキ（P96参照）やロールケーキ（P98参照）もフライパン1つでできるので、ぜひトライしてみてください。

型不要＆100円ショップの
型で作れる！

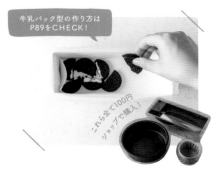

牛乳パック型の作り方は
P89をCHECK！

これら全て100円ショップで購入！

たまにしか作らないのに専用の型を買うのはもったいない！　私自身、お菓子の型はほとんど100円ショップのものを使用しています。最近ではさまざまな形のものが販売されているので本当に便利！　また、火を使わないレシピなら、牛乳パックを利用できるので、型を買う必要がありません。

バターは無塩でも
有塩でもOK

バターには有塩タイプと無塩タイプがあります。お料理には有塩、お菓子作りでは無塩タイプを使用することが多いですが、本書のレシピでは、特に記載がなければどちらを使用してもOK。どちらを使ってもおいしく仕上がるので、家にあるバターを使ってください。

お菓子作りのポイント

より スムーズに、おいしく作るために覚えておきたいポイントはこちら。ちょっとしたことですが、実は失敗の原因にもなりやすいことなので、気をつけましょう。

Point 常温に戻す材料は早めに冷蔵庫から出しておく

主にバターやクリームチーズは硬いと混ぜにくいので、あらかじめ冷蔵庫から出し、泡立て器がさっと入るくらいの柔らかさになるまで、戻しておくのが手早く作るポイントです。

Point 焼き時間はあくまで目安。焼き上がりを確かめて

オーブンやトースターの機種によっても焼き上がりは異なるので、焼き時間はあくまでも目安として、様子を見ながら調節してください。

Point クッキングシートが型からはみ出さないよう注意

トースターを使う場合は、クッキングシートが型からはみ出ていると焦げてしまう場合があるので要注意。はみ出さないよう気をつけて敷いてください。

※クッキングシートは加熱不可のものもあるので、必ずオーブンやトースターで
　使用可能なものか確認しましょう。

クッキングシートの敷き方

キレイに敷くのが難しい！という声が多い、パウンド型（牛乳パック型）のクッキングシートの敷き方を紹介します。

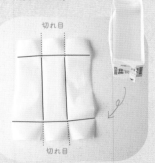

切れ目

切れ目

1. 型の大きさに合わせてクッキングシートを切る。
2. 底の縦横のサイズに合わせて折り目を入れる。
3. 上下に2箇所ずつ切れ目を入れる。切れ目を入れた部分を重ねながら型に敷く。

お菓子作り 基本の道具＆材料

お菓子作りをはじめる前に用意しておきましょう。

お菓子作りで必要となる基本の道具と材料を紹介します。

基本の道具

本書のお菓子作りに必要な基本の道具はこちらです！

調理器具

耐熱ボウル

電子レンジ調理が可能な耐熱性のボウルは、私のお菓子作りの必須アイテムです。

泡立て器

材料を混ぜるときに必要となります。大きめのものがあると混ぜやすくて便利です。

ゴムベラ

メレンゲを混ぜるなど、生地をつぶさずサックリ混ぜるときに使います。

計量スプーン・計量カップ

本書では、簡単に計量できる計量スプーンが大活躍！液体を量るときは計量カップが便利。

スケール

1g単位まで正確に計量できるスケールは、計量スプーンでは量りにくい細かな単位を量るときに。

めん棒

生地を伸ばすときに使用。生地にラップをかぶせてから使うとめん棒を汚さず、洗う手間が省けます。

粉ふるい・茶こし

粉ふるいは主に薄力粉をふるうときに、茶こしはココアパウダーや粉糖をふるうときに使います。

絞り袋・口金

絞り出しクッキーやケーキのデコレーションなどに。100円ショップでも購入できます。

あると便利！

ハンドミキサー

泡立て器で代用できますが、メレンゲやクリームを泡立てるときは、ハンドミキサーがあると便利です。

バット

生地を入れて均等に冷やし固めるときなどに使います。底の浅い容器などでも代用できます。

消耗品

ラップ

電子レンジで加熱するときなど、さまざまな場面で活躍します。

アルミホイル

トースターでケーキを焼くときは、表面だけ先に焦げるのを防ぐため、必ずアルミホイルをかぶせます。

クッキングシート

ケーキなどを作る際、型に敷きます。加熱OKのものを用意しましょう。

ポリ袋

材料を入れてボウル代わりに使ったり、絞り袋代わりに使うことも！

キッチンペーパー

主にドーナツなどの揚げものの油を切るときに使います。

型

ほとんどの型は100円ショップで購入できます！

アルミカップ

パウンド型

マフィン型
マフィンカップ

グラシンカップ

丸型

タルト型

※グラシンカップは紙製のマフィンカップやアルミカップを使うときは必要ありません。

基本の材料

本書にたくさん登場する基本の材料です。全てスーパーで手軽に揃えられるものばかりです。

薄力粉

ケーキやクッキーを作るときに使います。使う際は、ふるい入れ、混ぜすぎないのがポイント。

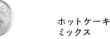

ホットケーキミックス

膨張剤や調味料があらかじめ配合されているので、少ない材料でおいしく作ることができます。

バター

有塩タイプと無塩タイプがありますが、特に記載がない場合はどちらを使用してもOKです。

卵

本書ではL玉を使用しています。

砂糖

本書では上白糖を使用していますが、てんさい糖やきび砂糖など、お好みのものを使っても。

牛乳・豆乳

基本的に牛乳は豆乳に置き換えられるので、お好みの方を使ってください。

そのほかよく使う材料

板チョコレート

生クリーム

ココアパウダー

粉糖

クリームチーズ

粉ゼラチン

本書の使い方

P14からのレシピページの見方をご紹介します。より段取りよくスムーズに作るためにチェックしておきましょう。

レシピ名

本書のレシピ名は、なるべく調理法や味の特徴などがわかる名前にしているので、作るときの参考にしてください。

材料写真

何を用意すればいいかひと目でわかるよう、用意する材料を全て写真で掲載しています。写真の下に記載の文章と合わせてチェックしてください。

インデックス

調理法の特徴ごとに分けた章のタイトル名を記載しています。どんな調理法なのかチェックするときに役立ててください。

作り方

作り方は、全て写真つきで解説しています。材料の混ぜ具合などは写真を見て参考にしてください。

Point

失敗を防ぐためのポイントや、よりおいしく作るためのテクニックを紹介しています。

この本に関する注意点

- 電子レンジは600Wのものを使用しています。500Wの場合は、加熱時間を1.2倍にしてください。
- トースターは温度調節機能つきのものを使用しています。温度調節機能がないものを使用する場合は、様子を見ながら焼き時間を調節してください。
- オーブンは電気オーブンを使用しています。機種によって焼き具合が違うので、様子を見て調節してください。
- オーブンや電子レンジで加熱する場合は、必ず耐熱性の容器を使用してください。
- 計量の単位は、小さじ1＝5㎖、大さじ1＝15㎖です。
- 卵はL玉を使用しています。
- ヨーグルトはプレーン、ココアパウダーは無糖タイプを使用しています。
- バターは、特に記載がない場合、無塩タイプと有塩タイプ、どちらを使用してもかまいません。おすすめは無塩タイプです。

SNSでいいね殺到！
人気おやつBEST12

これまで Instagram に投稿したたくさんのお菓子の中で、

特に反響の大きかった人気レシピを集めました！

私もお気に入りのものばかり。ぜひお試しください。

トースターで
超濃厚ガトーショコラ

トースターで手軽に焼ける本格ガトーショコラ。
焼き時間も短いので、少し時間が空いたときに
手軽に作ることができます。

ちょっぴりビターな大人の味わい。ご褒美おやつにぴったり♪

≣ 材料 ≣ 15cm丸型1台分

板チョコレート
… 4枚（200g）
牛乳
（または生クリーム）… 50㎖
バター … 20g
卵 … 2個
薄力粉 … 大さじ1
ココアパウダー
（仕上げ用）… お好みで

≣ 下準備 ≣

・型の底にクッキングシートを
敷く

1.

耐熱ボウルに刻んだチョコ
レート、牛乳、バターを入
れる。

2.

600Wの電子レンジで1分
ほど加熱し、チョコレートを
溶かす。

3.

卵を溶き入れ、泡立て器で
素早く混ぜ合わせる。

4.

薄力粉をふるい入れ、泡立
て器でよく混ぜる。

5.

型に4.の生地を流し込む。

6.

アルミホイルをかぶせ、250℃
のトースターで10〜12分焼
く。粗熱を取ったら冷蔵庫
で3時間以上冷やし、お好
みでココアパウダーをふる。

Point

・オーブンを使う場合は、180℃に
予熱して25分程度が目安です。
・中心がドロッとしていたら加熱が
足りないので、追加で少しずつ加
熱をしましょう。

濃厚チーズテリーヌ

混ぜて焼くだけでできる極上チーズテリーヌ。
湯煎焼きすることで、
しっとりなめらかな食感に仕上がります。

極上の舌ざわり

ヨーグルトのほんのりとした酸味がアクセント

▤ 材料 ▤ 18cmパウンド型1台分

クリームチーズ … 200g
砂糖 … 大さじ3〜4
プレーンヨーグルト
（生クリームでも可）… 100g
卵 … 1個
レモン汁 … 大さじ1
※ヨーグルトは水切り不要

▤ 下準備 ▤

・クリームチーズは常温に戻す
・型の底と側面にクッキング
　シートを敷く
・オーブンを180℃に予熱する

1. ボウルにクリームチーズを入れてクリーム状になるまでよく混ぜ、砂糖を加えてさらによく混ぜる。

2. プレーンヨーグルト、卵を入れて混ぜ合わせ、レモン汁を加える。

3. よく混ざったら型に流し入れ、軽くトントンと叩いて空気を抜く。

4. バットに3.をのせ、バットの中に湯（分量外）を張り、180℃に予熱したオーブンに入れる。35分ほど湯煎焼きにし、粗熱を取ったら、冷蔵庫で半日ほど冷やす。

Point

湯煎焼きとは生地の入った型を天板やバットにのせ、そこに湯を張って蒸し焼きにする調理法のこと。そのまま焼いても食べられますが、湯煎焼きにすることで、よりしっとりとおいしく仕上がります。

とろとろ
フォンダンショコラ

フランス生まれのおしゃれなスイーツ、
フォンダンショコラがトースターでできちゃう！
焼きたてアツアツを召し上がれ。

濃厚なチョコ生地に
とろとろのガナッシュがたまらない♡

材料 ケーキカップ 約4個分

ガナッシュ
板チョコレート … 1枚（50g）
豆乳（または牛乳）… 大さじ1

生地
板チョコレート … 1枚（50g）
豆乳（または牛乳）… 大さじ2
卵 … 1個
薄力粉 … 大さじ1
粉糖（仕上げ用）… お好みで

1.

ガナッシュを作る 耐熱ボウルにガナッシュ用のチョコレートを刻んで入れ、豆乳を加え、600Wの電子レンジで1分加熱する。

2.

1.をなめらかになるまでよく混ぜる。

3.

ラップに包み、冷凍庫で30分ほど冷やす。容器のまま冷やしてもOK。

4.

ここでオーブンを200℃に予熱開始しましょう。

生地を作る 耐熱ボウルにチョコレートを刻んで入れ、豆乳を加えて600Wの電子レンジで1分加熱し、かき混ぜてから卵を加え、さらによく混ぜる。

5.

薄力粉をふるい入れ、粉っぽさがなくなるまで混ぜる。

6.

型に5.の生地を1/8量ずつ入れ、3.のガナッシュを丸めて入れた上から、残りの生地を流し入れる。

7.

200℃に予熱したオーブンで10分ほど焼く。仕上げにお好みで粉糖をふる。

Point

・トースターで焼く場合は、紙製のケーキカップは避け、トースターで使用できる型を使います。また、焦げやすいのでアルミホイルをかぶせて焼いてください。
・トースターで焼く場合は、250℃で5〜8分が目安です。

簡単いちごのタルト

いちごをたっぷりのせた華やかなタルト。
カスタードが電子レンジで作れるので、ケーキ作り初心者さんにもおすすめです。

特別な日や記念日に作れば、喜ばれること間違いなし

材料　18cmタルト型1台分

タルト生地
バター … 60g
砂糖 … 大さじ4
薄力粉 … 100g

カスタード
薄力粉 … 大さじ1と1/2
砂糖 … 大さじ3
卵 … 1個
牛乳 … 180ml
バニラエッセンス … 数滴

トッピング
生クリーム … 100ml
砂糖 … 大さじ1/2
（市販のホイップクリームでも可）
いちご … お好みで
粉糖 … お好みで

下準備

・いちごはヘタを取り、お好みの
　大きさに切る
・トッピング用の生クリームと砂糖
　は混ぜ合わせ、角が立つまで
　泡立ててホイップクリームを作る

1.

タルト生地を作る　ボウルに
バターと砂糖を入れ、泡立て
器でクリーム状になるまで混ぜ
る。薄力粉をふるい入れ、ゴ
ムベラでまとまるまで混ぜる。

2.

ラップを敷いて生地をのせ、
めん棒で型よりひとまわり大
きめに伸ばす。

3.

2.を型に敷き、破れたとこ
ろを直しながら均等な厚さ
に整え、フォークで全体に
穴を開ける。

4.

アルミホイルをかぶせ、200℃
のトースターで10分焼く。ホ
イルを外してさらに2〜3分焼
き、焼き色をつける。

5.

カスタードを作る　耐熱ボウ
ルに薄力粉と砂糖を入れて
ダマがなくなるまで混ぜる。
卵を加えて混ぜ、牛乳を加
えてさらによく混ぜる。

6.

とろとろになればOK！

ふんわりとラップをして600W
の電子レンジで2分30秒加熱
する。1度かき混ぜてラップを
し、さらに2分加熱した後、バ
ニラエッセンスを加えて混ぜる。

7.

4.のタルト生地に6.のカス
タードを入れる。粗熱を取り、
冷蔵庫で2時間ほど冷やす。

8.

お好みでホイップクリームを
塗り、いちごをのせ、粉糖
をふる。

バナナの自然な甘みにほっこり
お子さんのおやつにも♪

ごちそう
バナナケーキ

ずっしりとした食べ応え満点のバナナケーキ。
おやつとしてはもちろん、朝食にもぴったりなレシピです。

材料 15cm丸型1台分

卵 … 2個
砂糖 … 大さじ5
バナナ … 3本
バター … 50g
薄力粉 … 120g
ベーキングパウダー … 4g

下準備

・バターは耐熱容器に入れ、ふんわりとラップをして電子レンジで40〜60秒ほど加熱して溶かす
・型の底と側面にクッキングシートを敷く
・オーブンを180℃に予熱する

1.

耐熱ボウルに卵、砂糖を入れてよく混ぜる。

2.

バナナを入れて木べらなどで粗くつぶす。

3.

溶かしバターを加え、よく混ぜる。

4.

薄力粉とベーキングパウダーをふるい入れ、粉っぽさがなくなるまで、サックリと混ぜ合わせ、型に入れる。

5.

180℃に予熱したオーブンで30分焼く。

Point

今回は丸型を使用しましたが、パウンド型やマフィン型などでもおいしく作ることができます。

トースターで
チョコチーズケーキ

チョコレートとチーズ、私のおやつレシピで
普段から大活躍している2つの材料を組み合わせたら、
最高においしいケーキができ上がりました。

ほろ苦いオレオクッキーがアクセント。2層になった断面がおしゃれ

Point

- 型は、オーブン使用可のものであればガラス容器などでもOKです。
- クリームチーズはしっかりクリーム状になるまで混ぜると、仕上がりがキレイに！
- オーブンで焼く場合は、170℃で30分ほどが目安です。

🍴 **材料** 🍴　15cm丸型1台分

ボトム生地
オレオクッキー
（クリーム入り）… 9枚
牛乳 … 大さじ1〜2

生地
板チョコレート … 1枚（50g）
牛乳 … 50㎖
クリームチーズ … 200g
砂糖 … 大さじ2
卵 … 1個
薄力粉 … 大さじ1

ココアパウダー
（仕上げ用）… お好みで

🍴 **下準備** 🍴
・クリームチーズは常温に戻す
・型の底と側面にクッキング
　シートを敷く

1.

ボトム生地を作る　オレオクッキーは細かく砕き、牛乳を少しずつ加えてしっとりさせる。

2.

型の底に1.をしっかりと敷き詰める。

3.

生地を作る　耐熱ボウルにチョコレートを刻んで入れ、牛乳を加えて600Wの電子レンジで1分ほど加熱して溶かす。

4.

別のボウルにクリームチーズ、砂糖、卵を入れて泡立て器でなめらかになるまで混ぜる。

5.

4.に3.で溶かしたチョコレートを入れてよく混ぜ合わせ、薄力粉をふるい入れてさらによく混ぜ合わせる。

6.

2.の型に5.を流し入れ、軽くトントンと叩いて空気を抜く。

7.

アルミホイルをかぶせ、250℃のトースターで20分焼く。真ん中が柔らかくフルフルしているくらいが焼き上がりの目安。

8.

粗熱を取り、冷蔵庫で半日冷やしたら、お好みでココアパウダーをふる。

ディアマンクッキー

サクサクホロホロ、簡単だけどお店のような味に仕上がりました。
一度に3種のクッキーが作れるので、満足感もたっぷり。

食べ出したら止まらない！ サクホロ食感がクセになる

26

材料 約28枚分

バター … 100g
砂糖 … 大さじ5〜6
卵黄 … 1個分
薄力粉 … 200g
ココアパウダー … 小さじ2〜
抹茶パウダー … 小さじ1〜
グラニュー糖 … 大さじ1〜

下準備

・バターは常温に戻す
・天板にクッキングシートを敷く

1.

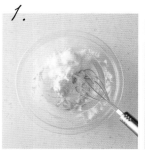

ボウルにバターを入れ、泡立て器でクリーム状になるまで混ぜ、砂糖を加えてさらに混ぜる。

2.

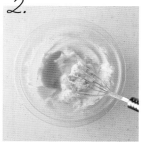

卵黄を加えて白っぽくなるまでよく混ぜる。

3.

薄力粉をふるい入れ、ゴムベラなどでこねないようにサクサクと切るように全体を混ぜる。

4.

写真のように全体がしっとりするまで切るように混ぜる。

5.

4.を3等分にし、ココアパウダー、抹茶パウダーをそれぞれに入れてよく混ぜ込み、直径3〜4cmほどの筒状にまとめてラップで包む。

ここでオーブンを170℃に
予熱開始しましょう。

6.

冷蔵庫で30分ほど冷やし、固くなったらグラニュー糖をまぶす。

7.

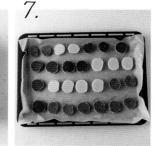

1cmほどの厚さにカットし、170℃に予熱したオーブンで20分焼く。

Point

プレーン生地にチョコチップを練り込むのもおすすめです。

止まらないカリカリポテト

おやつに、お夕飯のおかずに、おつまみに！
どんなシーンにも合う和のおやつ。
カリカリホクホクの食感がたまりません！

こんがり焼いた香ばしい
さつまいもに優しい甘さ
どこか懐かしい素朴な味わい

▤ 材料 ▤ 2〜3人分

さつまいも … 250g
有塩バター … 15g
砂糖 … 大さじ2
みりん … 小さじ1

1.

さつまいもは皮をむき、ひと口大に切る。皮つきでもOK。

2.

水にさらしてアク抜きする。

3.

水を切って耐熱ボウルに入れ、ふんわりラップをして600Wの電子レンジで3分加熱する。

4.

フライパンにバター、3.のさつまいもを入れ、強めの中火で炒めていく。

5.

焼き色がついたら弱火にし、砂糖、みりんを加えて全体にまぶす。

6.

全体に照りが出てくるまで1〜2分炒める。冷めるとカリカリに！

ふわふわしっとり!
紅茶の香りに癒される

炊飯器で紅茶のシフォンケーキ

専用の型を持っていなくても、炊飯器で作れるからとってもお手軽。
紅茶香る絶品ケーキで、贅沢なおうちカフェタイムを満喫して。

≣ 材料 ≣　5合炊き炊飯器1台分

紅茶の葉
（今回はアールグレイの
ティーバッグ2個分）… 4g
牛乳 … 60㎖
卵 … 4個
サラダ油 … 大さじ2
ホットケーキミックス … 100g
砂糖 … 大さじ4

≣ 下準備 ≣

・卵は卵黄と卵白に分ける

1.

耐熱容器に紅茶の葉と牛乳を入れ、600Wの電子レンジで1分加熱する。

2.

ボウルに卵黄を入れ、ハンドミキサーで白っぽくなるまで泡立てる。

3.

2.のボウルに、1.、サラダ油、ホットケーキミックスを加え、粉っぽさがなくなるまでよく混ぜる。

4.

卵白は凍らせておくと
泡立ちやすくなるので
おすすめ！

別のボウルに卵白、砂糖を入れ、ハンドミキサーで角が立つまで泡立てる。

5.

3.に4.のメレンゲを3〜4回に分けて入れ、その都度混ぜる。すくうようにふんわりと！

6.

全体が混ざったらサラダ油（分量外）を塗ったお釜に入れ、通常モードで炊飯する。中心に竹串などを刺して何もつかなければ焼き上がり。

7.

釜をドンッと10㎝ほどの高さから一度落とした後、ひっくり返して取り出す。

Point

・1回の炊飯で生焼けだった場合、もう一度炊飯ボタンを押しましょう。

・表面だけが焼けていない場合は、10分ほど保温でおくとキレイな焼き上がりに。

チョコ好きにはたまらない
濃厚でしっかりした味わい

レンジで濃厚チョコケーキ

電子レンジ1つで作れる超簡単チョコケーキ。
ずっしりしていて食べ応え十分！
好きなサイズにカットして冷凍保存ができます。

▓ 材料 ▓

3〜4人分（ダイソー530㎖
ガラス容器使用）

板チョコレート …2枚（100ｇ）
牛乳 … 80㎖
バター … 20ｇ
卵 … 2個
ホットケーキ
ミックス … 大さじ2
ココアパウダー（仕上げ用）
… お好みで

▓ 下準備 ▓

・耐熱容器にレンジ対応
　のクッキングシートまた
　はラップを敷く

1.

耐熱ボウルに刻んだチョコ
レート、牛乳、バターを入れ、
600Wの電子レンジで1分
30秒ほど加熱する。

2.

溶けたら全体をよく混ぜ、
卵を加えてさらに混ぜる。

3.

ホットケーキミックスを加えて
全体に混ぜる。

4.

3.を耐熱容器に流し込む。

5.

ふわ〜っと膨らむのが
焼き上がりの合図！

600Wの電子レンジで3分
ほど様子を見ながら加熱す
る。よく冷まし、お好みでコ
コアパウダーをふる。

ちょっと歪な形が愛らしい
ビギナーさん向けおやつ

材料３つで！
お手軽牛乳ドーナツ

ホットケーキミックスと牛乳だけで作る、
究極のシンプルドーナツ。
粉糖はお好みでふりかけて。

▤ 材料 ▤ 約6個分

ホットケーキミックス … 150g
牛乳 … 100mℓ
粉糖（仕上げ用）… お好みで

1.

ポリ袋にホットケーキミックス、牛乳を入れてよく揉み込む。

2.

クッキングシートをドーナツよりひとまわり大きいサイズにカットする。

3.

1.の袋の端を切り、2.のクッキングシートの上にドーナツ状に絞る。

4.

火が強いと焦げて中は
生焼けになるので注意！

160℃ほどの揚げ油（分量外）の中に、3.をクッキングシートごと入れ、両面がきつね色になるまで揚げる。お好みで粉糖をふる。

Point

揚げるときはクッキングシートごと入れると型崩れ防止に。火が通ると自然にはがれます。

素朴な味わいにほっこり
きな粉と黒蜜をたっぷりかけて召し上がれ

とろける豆乳わらび餅

わらび餅粉がなくても、家にある片栗粉で
作れるお手軽わらび餅!
とろりとした柔らかなお餅が絶品です。

材料 4〜6個分

豆乳
（牛乳でも可）… 200㎖
砂糖 … 大さじ1〜2
片栗粉 … 大さじ2
水（片栗粉を溶かす用）
　… 大さじ2

下準備

・片栗粉を水に溶く

トッピング
きな粉 … お好みで
黒蜜
（砂糖でも可）… お好みで

1.

耐熱ボウルに豆乳、砂糖
を入れてよく混ぜ合わせ、
600Wの電子レンジで2分
10秒加熱する。

2.

豆乳を熱くしてから
片栗粉を加えることで、
ダマになりにくい!

豆乳が熱々になったら、水
溶き片栗粉を加えて素早く
混ぜ、600Wの電子レンジ
で1分加熱する。

3.

熱いうちは生地が
ゆるく感じるが、
冷めると丁度いい硬さに。

写真のようなとろっとした状
態になるのが目安。

4.

冷めたらきな粉を入れた容
器の中にスプーンで丸く落と
し、全体にまぶす。皿に盛り、
お好みで黒蜜をかける。

Point

保存には向かないので
その日のうちに食べるの
がおすすめです。

Part
2

材料3つ以下でできる
簡単おやつ

クッキー、ケーキ、ビスケットまで、本格的なお菓子が

なんと全て材料3つ以下!

気軽に手軽に作れて、おいしいレシピが満載です!

しっかり焼いてふわふわ、半生でしっとり
好みの食感を楽しんで

生ショコラケーキ

たった3つの材料で、見た目も贅沢な
ショコラケーキの完成！しゅわっと口の
中でとろける、不思議な食感がクセに
なる一品です。

材料 18cmパウンド型1台分

板チョコレート
… 4枚（200g）
生クリーム
… 1パック（200ml）
卵 … 3個

下準備

・型の底と側面にクッキングシートを敷く
・オーブンを140℃に予熱する

1.

耐熱ボウルに刻んだチョコレートと生クリームを入れ、600Wの電子レンジで2分加熱する。

2.

熱いうちに素早く溶かそう！

泡立て器でチョコレートをよく溶かしながら混ぜ合わせる。

3.

別のボウルに卵を入れ、ハンドミキサーでとろとろになるまで泡立てる。

4.

3.に2.のチョコレートを3回に分けて入れ、その都度ゴムベラで底をすくうようにしっかり混ぜ合わせる。

5.

型に4.を流し込み、140℃に予熱したオーブンで40分ほど焼く。

6.

粗熱を取り、冷蔵庫で3時間以上冷やしてからクッキングシートをはがす。

Point

・生地が少し縮むくらいが焼き上がりの目安。
・オーブンの温度が高いと膨らんで溢れることがあるので、その場合は温度を下げます。
・加熱時間を減らし、あえて半生で食べるのもおすすめ。
・ココットや丸型で焼くこともできます。

ころんとしたフォルムが愛らしい♥ ギフトにもぴったり!

バターなしスノーボール

材料3つ! 型不要! 混ぜて焼くだけの
究極お手軽クッキー。バター不使用とは思えない、
サクホロ食感が絶品です。

▤ 材料 ▤ 約15個分

薄力粉 … 100g
粉糖 … 大さじ4
サラダ油 … 大さじ3
粉糖(仕上げ用)… 適量

▤ 下準備 ▤

・天板にクッキングシートを敷く
・オーブンを180℃に予熱する

1.

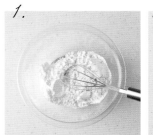

ボウルに薄力粉、粉糖を入れ、泡立て器でよく混ぜ合わせる。

2.

サラダ油を加えてまとまるまでよく混ぜる。

3.

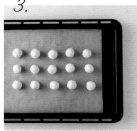

手でまとめながら丸く形成し、180℃に予熱したオーブンで15分焼く。

4.

粗熱を取り、粉糖を全体にまぶす。

サクサク濃厚焼きチョコ

材料はなんとチョコレートと薄力粉だけ！
薄く絞って焼くだけで、サクサクした食感が新しい
チョコレートの誕生です。

サクサク、濃厚！
チョコレートのおいしさが
ダイレクトに味わえる

▧ 材料 ▧ 約16枚分

板チョコレート
… 2枚（100g）
薄力粉 … 大さじ4

1.

耐熱ボウルにチョコレートを刻んで入れ、600Wの電子レンジで1分加熱して溶かす。

2.

薄力粉をふるい入れ、粉っぽさがなくなるまで混ぜ合わせる。

3.

お好みの口金をセットした絞り袋に入れ、クッキングシートに丸く絞り出す。

4.

アルミホイルをかぶせ、200℃のトースターで5分焼く。

Point

オーブンを使う場合は、170℃に予熱して12〜15分程度が目安です。

ねじりチョコパイ

パイシートにチョコレートを塗ってねじって焼くだけ！
とっても手軽なのに、豪華な見た目で
記念日やパーティーにもぴったりの一品です。

サクサクのパイ生地に、ビターなチョコレートの甘さとほろ苦さが相性抜群！

40

材料 8個分

パイシート … 1枚
板チョコレート
　… 1/2枚（25g）

1.
パイシートにラップをかぶ
せ、めん棒などでひとまわり
大きく伸ばし、ラップをはが
して半分に切る。

2.
チョコレートは刻んで耐熱ボ
ウルに入れ、600Wの電子
レンジで1分ほど加熱して
溶かす。

3.
*1.*のパイシートの半分に、*2.*
で溶かしたチョコレートを塗
り、もう半分を重ねる。

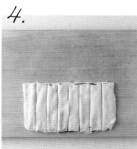

4.
包丁で縦8等分に切る。

5.
2〜3回ねじって表面に溶き
卵または牛乳（分量外）を塗
り、200℃のトースターで5
〜8分焼く。

Point

作っている最中にパイ生地が柔
らかくなってしまった場合は、冷
蔵庫で一旦冷やすと再び扱いや
すくなります。

豆腐ビスケット

ホットケーキミックスで作ったとは思えない、サクサク、しっとりとした生地が絶品！
お豆腐を入れることでしっとりした口当たりに仕上げました。

甘さ控えめの優しい味わい
ジャムやはちみつをかけてもおいしい♪

材料 4〜6個分

バター … 20g
絹豆腐 … 50g
ホットケーキミックス … 150g

下準備

・オーブンを200℃に予熱する

1.

ポリ袋にバター、豆腐を入れて手でつぶす。

2.

ふり続けるとだんだんしっとりしてきます！

1.にホットケーキミックスを入れて全体がなじむまで袋をふる。

3.

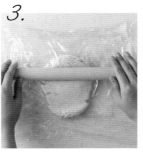

2.を取り出してラップをかぶせ、めん棒で伸ばしていく。

4.

途中で1〜2回折りたたむ。こうすることで、腹割れしやすくなる。

5.

2〜3cmの厚さに伸ばしたら、お好みの型で抜くか包丁で切る（今回は包丁で6つにカット）。

6.

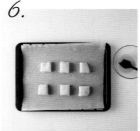

表面に溶き卵または牛乳（分量外）を塗り、ツヤを出す。

7.

200℃のトースターで約8分、オーブンの場合は180℃に予熱して15分焼き、粗熱を取る。

Point

・工程2.でホットケーキミックスを混ぜる際、なかなかしっとりしないからと水分を足してしまうと、ベチョベチョになる場合があるので注意しましょう。
・トースターで焼く場合は、焦げそうになったらアルミホイルをかぶせましょう。

そのまま食べるのはもちろん、
アレンジも無限大！

ポリ袋1つで作る
バタークッキー

バターの風味を生かしたシンプルな材料で作る素朴なクッキー。型抜きしたり、ナッツやチョコを飾ると豪華な仕上がりになります。

≡ 材料 ≡　約15枚分

バター … 50g
砂糖 … 大さじ3
薄力粉 … 100g

1.

ポリ袋にバターを入れて手で揉んで柔らかくし、砂糖を加えてさらに揉んで混ぜ合わせる。

2.

1.に薄力粉を加え、さらによく揉んでなじませる。

3.

生地がまとまったら、棒状に整えて冷蔵庫で10分休ませる。

4.

包丁で1cm厚さに切り、200℃のトースターで5分、オーブンの場合は170℃に予熱して15～18分焼く。

Point

トースターで焼く場合は、焦げそうになったらアルミホイルをかぶせましょう。

熱々、とろ〜り
口の中でとろけるマシュマロと
チョコレートがたまらない♡

トースターで
フォンダンスモア

こんがりと焼けたマシュマロが、しゅわしゅわっととろける新感覚スイーツ。いつものチョコレート菓子に飽きたらぜひトライして。

材料 ココット2つ分

板チョコレート … 1枚（50g）
卵 … 1個
マシュマロ … 4〜6個

1.

耐熱ボウルにチョコレートを刻んで入れ、600Wの電子レンジで約1分加熱する。

2.

チョコレートが溶けたら卵を加えてよく混ぜる。

3.

2.をココットに2等分して入れ、200℃のトースターで1分加熱し、マシュマロをのせてさらに1分加熱する。

小さなチーズドッグ

伸びるチーズがたまらない！ と話題の、韓国発祥の人気のおやつ。ホットケーキミックスを使えば、自宅で手軽に作ることができます。

▓ 材料 ▓ 6本分

ホットケーキミックス … 150g
牛乳 … 大さじ4
さけるチーズ … 3本

ふんわり軽い生地に
チーズがとろ～り

1.

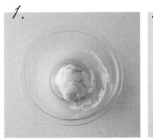

ボウルにホットケーキミックス、牛乳を入れてよく混ぜる。

2.

生地がまとまったら6等分にする。

3.

2.の生地をそれぞれ伸ばし、長さを半分に切ったさけるチーズを包んで竹串を刺す。

4.

フライパンに3cmくらい揚げ油（分量外）を入れ、中火で全体がきつね色になるまで揚げ焼きにする。

Point

チーズの代わりに、ソーセージなどを入れてもおいしくいただけます。

Part
3

混ぜて焼くだけの
簡単おやつ

混ぜて焼くだけで作れるので難しい作業は一切なし！

工程を簡単にするために工夫を凝らし、

おしゃれで可愛い見た目にもこだわりました！

チョコチャンククッキー

おうちカフェタイムにぴったりな、チョコレートとナッツがたっぷり詰まった
アメリカンなクッキー。砂糖を使わず上品な甘さに仕上げました。

チョコレートとナッツのハーモニー

さくざく感がクセになる！

▓ 材料 ▓ 約12枚分

バター … 100g
卵 … 1個
ホットケーキミックス … 150g
板チョコレート
　… 2枚（100g）
ミックスナッツ … お好みで

▓ 下準備 ▓

・バターは常温に戻す
・天板にクッキングシートを敷く
・オーブンを180℃に予熱する

1.

ボウルにバターを入れ、泡立て器でクリーム状になるまで混ぜる。

2.

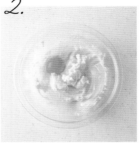

1.に卵を加え、泡立て器でよく混ぜる。

3.

生地をこねないように
注意!

ホットケーキミックスを入れて、ゴムベラでサックリと切るように混ぜる。

4.

生地の粉っぽさがなくなったら、砕いたチョコレートと、お好みで刻んだナッツを加える。

5.

天板に4.の生地をスプーンなどで丸く落とす。

6.

180℃に予熱したオーブンで10〜15分焼く。トースターの場合は180℃で8〜10分が目安。

Point

・甘めがお好みの人は、2.のタイミングで砂糖を加えても。
・バターと卵は入れると分離しやすいですが、しっかりと混ぜ合わせれば問題ありません。

キャラメル
バナナマフィン

甘さ控えめのマフィン生地に甘〜
いキャラメルソースが絶妙なおいし
さ。キャラメルソースは半分を生
地に練り込み、残りは上からかけ
ることで、甘みがより引き立ちます。

ふわふわ、しっとり
キャラメルソースがアクセント

■ 材料 ■ マフィン型6個分

生地
バナナ … 2本（約200g）
牛乳 … 100ml
ホットケーキミックス … 150g
アーモンドスライス
　… お好みで

キャラメルソース
砂糖 … 大さじ3
牛乳 … 大さじ4
バター … 10g
牛乳（追加用）… 大さじ1

■ 下準備 ■

・マフィン型にグラシンカップを
　入れる

1.

生地を作る　ボウルにバナナを入れ、粗くつぶす。

2.

牛乳、ホットケーキミックスを加えて粉っぽさがなくなるまでサックリと混ぜ合わせる。

3.

キャラメルソースを作る　耐熱容器に砂糖、牛乳、バターを入れ、600Wの電子レンジで3分加熱し、1度かき混ぜる。

4.

ここでオーブンを180℃に
予熱開始しましょう。

追加で1分加熱し、再び混ぜてさらに30秒加熱してかき混ぜる。30秒加熱＋混ぜるを、ソースが茶色っぽくなるまで2〜3回くり返す。熱いうちに追加用の牛乳を加え、よく混ぜる。

5.

2.の生地に4.で作ったキャラメルを半分入れ、ゴムベラで1〜2回ぐるっと混ぜる。

6.

型に5.を入れ、上からスプーンなどで残りのキャラメルをかけてお好みでアーモンドスライスをのせる。

7.

180℃に予熱したオーブンで20〜25分焼く。

Point

キャラメルは焦げやすいのでとろとろになったら目を離さずに様子を見ましょう。キャラメルが固くなってしまった場合は、温かいうちに牛乳（分量外）を少しずつ加えると柔らかくなります。

生チョコサンドクッキー

ココアパウダー入りのほろ苦いクッキーに、
たっぷり挟まった生チョコがおいしさの決め手。
1枚で大満足のボリュームです。

ココア味のクッキーに、
甘いチョコレートが絶妙にマッチ！

材料 ≡ 約8個分

生チョコ
生クリーム … 100㎖
板チョコレート
　 … 4枚（200g）

クッキー生地
バター … 40g
砂糖 … 大さじ5
生クリーム … 100㎖
薄力粉 … 200g
ココアパウダー … 大さじ2

≡ 下準備 ≡

・ バターは常温に戻す
・ 天板にクッキングシートを敷く

Point

生チョコがゆるいと上手く挟めないので、冷蔵庫で冷やし固めましょう。

1.

生チョコを作る　耐熱ボウルに生クリームを入れて600Wの電子レンジで2分加熱する。チョコレートを刻んで加え、1分放置して溶かす。

2.

1.を泡立て器でよく混ぜ、ラップをして冷蔵庫で冷やす。

3.

ここでオーブンを170℃に予熱開始しましょう。

クッキー生地を作る　別のボウルにバターを入れて泡立て器でクリーム状になるまでよく混ぜ、砂糖を加えてさらに混ぜる。

4.

生クリームを加えてさっと混ぜ、薄力粉とココアパウダーをふるい入れてゴムベラなどで全体を切るように混ぜる。

5.

しっかりまとまったらボウルから取り出し、ラップをかぶせて5㎜ほどの厚さになるようめん棒で伸ばす。

6.

だいたい16個くらいできる！

包丁で5×5㎝の正方形に切り分ける。

7.

天板にのせ、170℃に予熱したオーブンで20分焼く。

8.

7.が冷めたら2.の生チョコをスプーンなどで挟み、冷蔵庫で冷やす。

バターが香る♪

簡単に作れるリッチなおやつ

材料4つ しっとりマドレーヌ

ポリ袋で混ぜて絞るだけなので、洗い物なし！ 手軽に作れるのに味も絶品。表面はサックリ、中はふわふわ。飽きのこない味わいです。

▤ 材料 ▤ アルミカップ 10〜12 個分

バター … 150g
砂糖 … 大さじ2
卵 … 2個
ホットケーキミックス … 150g

▤ 下準備 ▤

・オーブンを180℃に予熱する
・天板にアルミカップを並べる

1.

ポリ袋にバター、砂糖を入れてよく揉んで柔らかくする。

2.

1.に卵、ホットケーキミックスを加えて揉みながら混ぜ合わせる。

3.

しっかり混ざったら、袋の端を切ってアルミカップに絞る。マドレーヌ型を使用する場合は、バター（分量外）を塗る。

4.

180℃に予熱したオーブンで20分焼く。トースターの場合は200℃で約10分、焦げそうになったらアルミホイルをかぶせて焼く。

子どもから大人まで喜ばれること間違いなし♪

材料5つ
チョコチップマフィン

マドレーヌ同様、ポリ袋1つで作れるチョコチップマフィン。焼きたても冷めてもおいしい一品です。

材料　マフィン型6個分

バター … 60g
卵 … 1個
牛乳 … 大さじ4
ホットケーキミックス … 150g
チョコチップ（または
刻んだチョコレート）… 50g

下準備

・マフィン型にグラシンカップを入れる
・オーブンを180℃に予熱する

1.

ポリ袋にバターを入れ、よく揉んで柔らかくする。

2.

*1.*に卵、牛乳、ホットケーキミックスを入れてよく混ぜる。

3.

チョコチップを加えて混ぜたら、袋の端を切ってマフィン型に絞り出す。

4.

180℃のオーブンで18〜20分、トースターの場合は、200℃で12〜13分焼く。

Point

マフィン型の代わりに、アルミカップでも作ることができます。

サクサク紅茶のクッキー

サクサクホロホロ。口の中でほどける食感がクセになるおいしさ。
たっぷりと練り込んだ紅茶の葉が香る、贅沢なクッキーです。

優雅なカフェタイムを演出してくれる。
材料4つでかんたんに焼ける。午後のひととき、

56

▤ 材料 ▤ 12〜15枚分

無塩バター … 100g
砂糖 … 大さじ6
薄力粉 … 180g
紅茶の葉（ティーバッグ
1.5〜2個分）… 3〜4g

▤ 下準備 ▤

・バターは常温に戻す

1.

ボウルにバターを入れてクリーム状になるまで混ぜ、砂糖を加えて白っぽくなるまでよく混ぜる。

2.

薄力粉をふるい入れ、ゴムベラで全体がしっとりするまで切るように混ぜる。

3.

紅茶の葉を入れ、さらにゴムベラで切るように混ぜる。

4.

3.を15cm長さほどの棒状にまとめ、ラップで包んで冷蔵庫で15〜30分冷やす。

5.
ここでオーブンを170℃に
予熱開始しましょう。

包丁で1〜1.5cmの厚さに切る。

6.

170℃に予熱したオーブンで20分焼く。トースターの場合は170℃で12分ほど様子を見ながら焼く。

トースターでバナナパンプディング

パンを甘〜い卵液に浸して焼いた見た目もおしゃれなバナナプディング。
朝食にもおやつにもおすすめです。

いつもの食パンがおしゃれな
ご褒美おやつに大変身♪

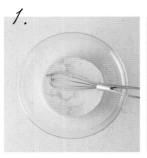

■ 材料 ■ 耐熱皿1枚分

卵 … 1個
砂糖 … 大さじ1
牛乳 … 100ml
バナナ … 1本（100g）
食パン … 1枚
粉糖（仕上げ用）… お好みで

1.
ボウルに卵、砂糖を入れて溶きほぐし、牛乳を加えて混ぜ合わせる。

2.
バナナを半分入れ、フォークで粗くつぶす。

3.
食パンをちぎりながら加え、2.の卵液を染み込ませる。

4.
耐熱皿に3.を入れ、輪切りにした残りのバナナをのせる。200℃のトースターで5〜8分焼き、粉糖をふる。

Point

3.で、卵液がしっかり染み込むように、パンがなるべく重ならないようにしましょう。卵液を全てパンに染み込ませるのがポイントです。

バターは甘さ控えめで朝食にも。

バターなし
パウンドケーキ

バターなしで作れる、シンプルな王道パウンドケーキ
です。そのまま食べるのはもちろん、ジャムや生クリー
ムを添えて食べるのもおすすめです。

材料 18cmパウンド型1台分

卵 … 2個
砂糖 … 大さじ7
サラダ油 … 大さじ4
牛乳 … 大さじ2
薄力粉 … 120g
ベーキングパウダー
… 小さじ1

下準備

・型の底と側面にクッキングシートを敷く
・オーブンを180℃に予熱する

1.

ボウルに卵、砂糖を入れてよく混ぜる。

2.

1.にサラダ油、牛乳を加えてさらによく混ぜる。

3.

薄力粉、ベーキングパウダーをふるい入れる。

4.

ゴムベラでサックリと切るように混ぜ合わせる。

5.

4.を型に流し入れ、180℃に予熱したオーブンで30分焼く。

Point

10分ほど焼いたら一旦取り出し、包丁で真ん中に切れ目を入れるとキレイに仕上がります。

コロンとした食べやすい小さめサイズ
気軽に食べられる素朴なおやつ

ひと口チョコスコーン

少し甘いものが欲しいときに手軽に食べられる小さめサイズのチョコスコーン。バターと砂糖不使用なので、罪悪感なく食べられます！

▤ 材料 ▤ 小さめ約15個分

ホットケーキミックス … 150g
オリーブオイル（サラダ油や
バターでも可）… 大さじ2
牛乳（豆乳でも可）
　… 大さじ3
チョコチップ（または刻んだ
チョコレート）… お好みで

▤ 下準備 ▤

・天板にクッキングシートを敷く

1.

ボウルにホットケーキミックス、オリーブオイル、牛乳を入れてゴムベラで混ぜ合わせる。

2.

まとまりが悪ければ牛乳を
少しずつ足して。

チョコチップを入れて混ぜ合わせ、ギュッとひと口大にまるめる。

3.

170℃のトースターで5〜8分焼く。オーブンの場合は170℃に予熱して12〜15分焼く。

Part
4

混ぜて冷やすだけの
簡単おやつ

ゼリーやアイス、プリンなどひんやりとしたおやつレシピはこちら♪

暑い時期はもちろん、寒い季節でも食べたくなる

濃厚な味わいのおやつも盛り込みました。

10分コーヒーゼリー

氷水で作ることで時間を短縮！
ほとんど冷やす時間がかからないので、
食べたいときにパパッと作ってすぐに食
べることができます。

コーヒーゼリーの苦味と
バニラアイスの甘さのバランスが絶妙

▤ 材料 ▤ グラス2杯分

氷水 … 200㎖

A インスタントコーヒー
　　… 大さじ1
　水 … 40㎖
　砂糖 … 大さじ1
　粉ゼラチン … 10g

トッピング
牛乳
（生クリームでも可）… 適量
バニラアイス … お好みで
さくらんぼ … 2個

1.　氷は2〜3個が目安！

氷と水を合わせて約200㎖
になるように氷水を作る。

2.

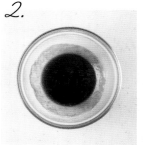

耐熱ボウルにAを入れて混
ぜ合わせ、600Wの電子レ
ンジで1分加熱してゼラチ
ンをしっかりと溶かす。

3.

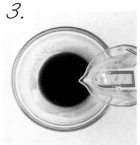

*1.*の氷水を*2.*に氷ごと入れ、
スプーンなどで素早く、よく
かき混ぜる。

4.

しっかり冷えてとろとろに
なってきたら5分ほど冷蔵庫
で冷やし、氷が残ったら取
り除く。

5.

フォークなどで崩しながらグ
ラスに盛り、牛乳を注ぎ、
お好みでアイス、さくらんぼ
をのせる。

Point

作りたてはゆるめですが、冷や
すうちにどんどん固めのゼリー
になるので、お好みの固さで
食べてください。

チーズといちごの鉄板コンビが
ひんやりスイーツになって登場！

ストロベリーチーズアイス

アイス専門店でも大人気のストロベリーチーズアイスを自宅で再現。濃厚なクリームチーズにさっぱりとしたいちごの酸味がよく合います。

┃ 材料 ┃ 4人分

クリームチーズ … 200g
砂糖 … 大さじ3
生クリーム
　… 1パック（200㎖）
いちごジャム（果肉入りが
おすすめ）… 70g 〜お好みで

┃ 下準備 ┃

・クリームチーズは常温に戻す

1.

ボウルにクリームチーズ、砂糖を入れ、ハンドミキサーでクリーム状になるまで混ぜる。

2.

生クリームを加え、もったりするまで泡立てる。

3.

いちごジャムを加え、スプーンなどで全体にサックリと混ぜる。

4.

ラップをして冷凍庫で2〜3時間冷やす。

濃厚なのにさっぱり！
ジャリジャリ食感がクセになる

フローズン
ヨーグルトアイス

材料はたったの3つだけ！ 甘さ控えめでヨーグルトがたっぷり入っているので、体にもうれしいスイーツです。

▤ 材料 ▤ 4人分

生クリーム
　… 1パック（200㎖）
砂糖 … 大さじ6
プレーンヨーグルト … 400g

1.

ボウルに生クリーム、砂糖を入れてハンドミキサーで角が立つまで泡立てる。

2.

*1.*にヨーグルトを加え、ハンドミキサーでよく混ぜる。

3.

ラップをして冷凍庫で2〜3時間冷やす。

67

紅茶の生チョコ

紅茶が練り込まれた、風味豊かな大人のチョコレート。普通の生チョコレートに飽きたときにもおすすめの一品です。

ひと口食べれば紅茶の風味が広がる上品な味わい

材料 約16個分

板チョコレート
… 4枚（200g）
生クリーム … 100㎖
紅茶の葉
（ティーバッグ3個分）… 6g
ココアパウダー
（仕上げ用）… お好みで

1.

チョコレートは包丁で刻み、ボウルに入れる。

2.

耐熱容器に生クリームと紅茶の葉を入れ、600Wの電子レンジで50秒加熱する。

3.

混ぜすぎには注意しましょう。

茶こしなどでこしながら*1.*のチョコレートに入れる。チョコレートが溶けたら、ゴムベラで素早くかき混ぜる。

4.

ラップを敷いた容器に流し込み、軽くトントンとならしてゴムベラで表面を整える。

5.

ラップに包んで冷蔵庫で半日〜一晩冷やす。

6.

ひと口大に切り、ココアパウダーをまぶす。

Point

*3.*でチョコレートが分離してしまったら、温めた生クリーム（分量外）を少しずつ加えながら混ぜると復活します。

濃厚でなめらかな口当たりで
食べ出したら止まらない！

チョコプリン

ゼラチンで作るので、蒸し焼き不
要！ ココアパウダーをアクセントに
加えて、ちょっぴりビターな味わい
に仕上げました。

■ 材料 ■ プリンカップ3〜4個分

ゼラチン … 5g
牛乳 … 400㎖
板チョコレート
　… 2枚（100g）
ココアパウダー … 大さじ2
チョコペン … 1本

1. 耐熱容器に、ゼラチン、牛乳（分量から大さじ3取り分ける）を入れる。

2. 耐熱ボウルに残りの牛乳、刻んだチョコレートを入れ、600Wの電子レンジで3分加熱する。

3. チョコレートが溶けたら、ココアパウダーを入れてダマがなくなるまで泡立て器で混ぜる。

4. 1.のゼラチンを600Wの電子レンジで30秒ほど加熱して溶かし、3.に加えてよく混ぜる。

5. 氷水に当てながら、粗熱を取る。冷やすことで分離を最小限に防ぐことができる。

6. 茶こしやザルでこしながら容器に入れて、冷蔵庫で3〜6時間冷やす。湯煎で温めたチョコペンでデコレーションする。

71

できたてはとろとろ、冷やして食べるとしっとり

とろけるティラミス

スポンジの代わりに市販のビスケットを使うことで、お手軽度が格段にアップ！ ビスケットの代わりに食パンを使ってもおいしく食べられます。

材料 ： 4〜6人前

インスタントコーヒー
　… 大さじ2
熱湯 … 100㎖
クリームチーズ … 200ｇ
砂糖 … 大さじ5
生クリーム
　… 1パック（200㎖）
市販のビスケット
（今回はマリービスケットを
使用）… 約10枚
ココアパウダー
（仕上げ用）… 適量

下準備

・クリームチーズは常温に戻す

1.

インスタントコーヒーと熱湯
を混ぜてコーヒーを作る。

2.

ボウルにクリームチーズを入
れてゴムベラなどで混ぜてク
リーム状にして、砂糖を半
量入れてさらに混ぜる。

3.

別のボウルに生クリームを入
れて残りの砂糖を入れ、ハン
ドミキサーで角が立つま
で泡立てる。

4.

2.に3.の泡立てた生クリー
ムをゴムベラで入れ、混ぜ
合わせる。

5.

お好みの容器にビスケットを
敷き詰め、1.のコーヒーを全
体に染み込ませる。

6.

5.の上に4.のクリームを半量
塗り重ねる。

7.

5.〜6.をくり返し、仕上げ
にココアパウダーをふりかけ
る。

Point

できたてはとろとろ、冷
やすとしっかり固まるの
で、好みの固さでお召
し上がりください。凍ら
せてティラミスアイスに
してもおいしくいただけ
ます。

刻んだチョコレートがアクセントに！

材料2つふわふわ チョコレートアイス

チョコレートと生クリームだけで作る究極のシンプルアイス。ふわふわシャリシャリの食感がたまりません！

▤ 材料 ▤ 4人分

板チョコレート
… 2枚（100g）
生クリーム
… 1パック（200㎖）

1.

チョコレートは包丁で刻む。30gほどはトッピング用に残しておく。

2.

耐熱ボウルにに1.のチョコレート70gと生クリーム50㎖を入れ、600Wの電子レンジで1分加熱する。

3.

氷水で冷やしながらやるとしっかり泡立つ。

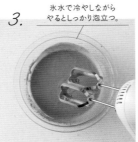

ハンドミキサーでよく混ぜ合わせ、残りの生クリームを加え、泡立てる。

4.

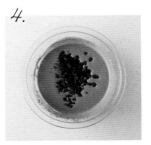

1.で残しておいたチョコを加え、全体に混ぜ、ラップをして冷凍庫で2～3時間冷やす。

Point

ナッツや冷凍いちごなどを混ぜ込むのもおすすめ！

Part
5

電子レンジでチンするだけの
簡単おやつ

失敗しがちなケーキやプリンも、

電子レンジなら気軽にチャレンジできる。

難しい工程は全部省き、

誰でも簡単にできるレシピに改良しました。

レンジだけで
スイートポテトケーキ

火もオーブンも使わず作れるお手軽スイートポテト。材料をしっかりと混ぜ合わせることで、電子レンジでもしっとりなめらかに仕上がります。

甘さ控えめのスイートポテトにホイップクリームをトッピング♪

76

材料

3〜4人前（ダイソー530mℓ
ガラス容器使用）

さつまいも
　… 1本（正味300g）
A 卵 … 2個
　砂糖 … 大さじ3〜4
　牛乳 … 150mℓ
薄力粉 … 大さじ1

トッピング

生クリーム … 50mℓ
砂糖 … 小さじ1
（市販のホイップ
クリームでも可）

炒りごま（黒）… お好みで

下準備

・耐熱容器にレンジ対応のクッキ
　ングシートまたはラップを敷く
・トッピング用の生クリームと砂
　糖は混ぜ合わせ、角が立つま
　で泡立ててホイップクリームを
　作る

1.

さつまいもは皮をむいてさい
の目に切り、水にさらしてア
ク抜きをする。水を切ってラ
ップをし、600Wの電子レン
ジで5分ほど加熱して柔らか
くする。

2.

さつまいもはマッシャーなど
でつぶし、Aの材料を1つ
ずつ混ぜていく。ミキサー
やブレンダーを使う場合は、
Aを全て一度に入れて一気
に混ぜる。

3.

写真のように、全体がとろと
ろになるまでよく混ぜ合わせ
る。

4.

薄力粉をふるい入れ、ゴム
ベラで全体に混ぜ合わせ
る。

5.

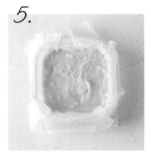

4.を耐熱容器に流し込む。

6.

600Wの電子レンジで4〜5
分様子を見ながら加熱し、冷
ましてから切り分け、皿に盛
りお好みで泡立てたホイップ
クリームを絞り、ごまを散らす。

Point

つまようじを真ん中に刺してべっ
とり生地がついてこなければ完
成。つく場合は30秒ずつ追加
で加熱します。

甘いキャラメルとナッツがベストマッチ！

レンジでカリカリナッツの
キャラメリゼ

普段食べているナッツが、キャラメリゼすれば香ばしくて甘い贅沢おやつに大変身。電子レンジで作るので、初めてでも手軽にできます。

▓ 材料 ▓ 2〜3人分

砂糖 … 大さじ4
水 … 大さじ1/2
バター … 5g
ミックスナッツ … 80g

1.

耐熱ボウルに砂糖、水を入れ、ラップをせずに600Wの電子レンジで2分30秒加熱する。

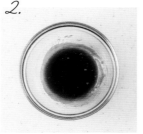

2.

1.にバターを入れて溶かす。

3.

2.にナッツを入れて全体を素早くかき混ぜ、クッキングシートの上に広げて冷ます。

Point

砂糖は焦げやすいので、電子レンジで加熱する際は目を離さないようにしましょう。

まるでおばけみたい！
オーブン不要の白いクッキー

レンジで
マシュマロクッキー

電子レンジで加熱することで、マシュマロがびよ〜んと伸びて、大きなクッキーに様変わり。ナッツをトッピングすれば、即席クッキーの完成です。

材料　8個分

マシュマロ … 8個
ミックスナッツ … 適量

1.

大きめの皿にクッキングシートを敷き、マシュマロを3〜4個、間隔を離して置く。

2.

ナッツは1個のマシュマロに3〜4個が目安！

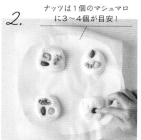

600Wの電子レンジで1分加熱してナッツを押し込む。

3.

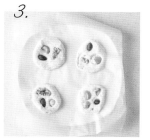

600Wの電子レンジで50秒〜1分加熱する。

Point

・マシュマロが小さい場合は加熱時間を短くしましょう。
・作りたては柔らかくベタつきますが、冷めるとサクサクになります。
・湿気に弱いので保存する際は冷蔵庫に入れましょう。

かぼちゃプリン

シンプルな材料で、かぼちゃ本来の甘みを
存分に堪能できる素朴な味わい。カラメル
ソースがアクセントになっています。

ほろ苦いカラメルソースが
かぼちゃの甘さを引き立てる

■ 材料 ■ マグカップ2個分

カラメルソース
砂糖 … 大さじ2
水 … 小さじ2
水（仕上げ用）… 大さじ1

プリン液
かぼちゃ（ワタと皮を
除いたもの）… 120g
砂糖 … 大さじ1〜お好みで
牛乳 … 120㎖
卵 … 1個

1.

お皿で作ると割れる
恐れがあるので、必ず
耐熱容器を使用して！

カラメルソースを作る　耐熱容器に砂糖と水を入れ、600Wの電子レンジで2分加熱する。

2.

跳ねるので注意！

仕上げ用の水を加えてよく混ぜ、等分してマグカップ2つに注ぐ。

3.

プリン液を作る　かぼちゃに砂糖をまぶしてラップをし、600Wの電子レンジで4〜5分加熱する。

4.

かぼちゃが柔らかくなったらフォークなどでしっかりつぶす。

5.

別のボウルに牛乳、卵を入れ、4.を裏ごししてから加え、よく混ぜ合わせる。ミキサーまたはブレンダーがあれば、そのまま混ぜてOK。

6.

表面がブクブクして
きたらすぐに止めて。

マグカップに5.のプリン液を注ぎ、1つずつ600Wの電子レンジで1分〜1分15秒ほど加熱する。

7.

アルミホイルをかぶせて10分ほど放置し、予熱で火を通す。粗熱を取り、冷蔵庫で冷やす。

Point

かぼちゃが甘くないものだったり、甘い味が好きな人は砂糖を大さじ2〜3に増やすのがおすすめです。

レンジで濃厚固めプリン

なめらかな口当たりのプリンもおいしいけれど、
昔ながらの固めプリンが恋しくなって、
自宅で手軽に作れるレシピを考えました。

しっかりとした口当たりで
ボリュームもたっぷり

材料 マグカップ1個分

カラメルソース
砂糖 … 大さじ1
水 … 小さじ1

プリン液
卵 … 1個
砂糖 … 大さじ1と1/2
牛乳 … 100㎖
バニラエッセンス … 2〜3滴

トッピング
生クリーム … お好みで
砂糖 … お好みで
（または市販の
ホイップクリームでも可）
さくらんぼ … 1個

下準備

・トッピング用の生クリームと砂糖は混ぜ合わせ、角が立つまで泡立ててホイップクリームを作る

1.

熱いので注意！

カラメルソースを作る マグカップに砂糖、水を入れ、600Wの電子レンジで1分40秒〜1分50秒加熱する。しっかり茶色くなればOK！

2.

プリン液を作る ボウルに卵を入れて溶きほぐし、砂糖、牛乳、バニラエッセンスを加えてよく混ぜる。

3.

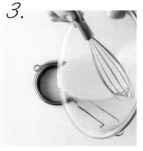

1.のマグカップに茶こしなどでこしながら2.を注ぐ。

4.

3.を600Wの電子レンジで1分40秒ほど加熱する。表面が少しブクブクするのが、目安。

5.

アルミホイルをかぶせ、粗熱が取れたら冷蔵庫で3時間以上冷やす。器に盛り、お好みでホイップクリームを絞り、さくらんぼをのせる。

Point

レンジで作るプリンは少し半生の状態で取り出し、最後にアルミホイルで包んで予熱で熱を通すのがポイントです。ブクブクと膨らんできたらすぐに加熱をやめてアルミホイルで包みましょう。

レンジでクロックムッシュ風

フライパンを使わないので、油なしで、
洗い物が少なくてすむのもうれしいところ。
忙しい朝にも贅沢な朝食として楽しめます！

チーズがとろ〜り。甘しょっぱさがクセになる！

材料 1人分

A 卵 … 1個
　牛乳 … 大さじ2
　砂糖 … 小さじ1
食パン（6枚切り）… 1枚
ハーフベーコン … 2枚
スライスチーズ … 1～2枚
ブラックペッパー … 適量

1.

ラップを敷いた皿にAを入れて箸などで混ぜる。

2.

半分に切った食パンを*1.*の卵液に浸す。両面とも浸してほぼ全部の卵液を吸わせる。

3.

ベーコンをのせる。

4.

チーズがとろけるのが目安！

半分に折りたたんだスライスチーズをのせ、600Wの電子レンジで1分30秒～2分加熱する。

5.

ブラックペッパーをふり、ラップごと2つに折りたたみ、ラップを外し、皿に盛る。

Point

ベーコンはウインナーでもおいしく召し上がれます。具材はなしで、砂糖を増やせばフレンチトーストに！

切り餅で生チョコ餅

切り餅を加えることで、もっちり食べ応えのある食感に！
時間が経っても柔らかく、溶けにくくなるのでギフトにも最適です。

ふわふわもちもちの新食感！
甘さ控えめで食べやすい

■材料■　3〜4人分（約8個分）

切り餅 … 2個（100g）
牛乳 … 大さじ6
板チョコレート
　… 2枚（100g）
ココアパウダー
（仕上げ用）… 適量

1.

切り餅は小さめに切る。

2.

耐熱ボウルに*1.*と牛乳を入れ、600Wの電子レンジで3分加熱する。

3.

熱いうちに刻んだチョコレートを加え、1分ほど放置して溶かす。

4.

泡立て器でしっかりと全体を混ぜ合わせる。

5.

ラップにココアパウダーを広げ、その上に*4.*をのせてココアをまぶす。

6.

ラップで包み、形を整えて冷蔵庫で1時間冷やす。

7.

包丁でお好みの大きさに切り分け、足りない部分にココアパウダーをまぶす。

Point

餅は小さめに切った方が溶けやすくなります。

ミルクの上品な甘さとつるんとした口当たり
何度でも食べたくなる優しい味わい

とろけるパンナコッタ

まろやかなクリームととろみのある不思議な食感が
たまらないパンナコッタ。お好みでジャムやホイップ
クリームを添えるのもおすすめです。

▤ 材料 ▤ 3〜4人分

生クリーム
　… 1パック（200㎖）
砂糖 … 大さじ3
牛乳 … 200㎖
ゼラチン … 5g

1.

トロッと流れ落ちる
くらいが目安！

ボウルに生クリーム、砂糖を
入れ、ハンドミキサーで7分
立てくらいに泡立てる。

2.

牛乳を加えて泡立て器でよ
く混ぜる。

3.

水大さじ2（分量外）を耐熱
容器に入れてゼラチンをふり
入れ、600Wの電子レンジ
で30秒加熱して溶かす。

4.

3.のゼラチンを2.に入れてよ
く混ぜ合わせ、器に注いで
冷蔵庫で3時間冷やす。

市販の型不要の
簡単おやつ

専用のケーキ型を持っていなくても、

牛乳パックを型代わりにして作れるおやつレシピを紹介します。

牛乳パックで作ったとは思えない、

見た目もおしゃれな自信作です!

牛乳パック型の作り方

空の牛乳パックの上部を開き、
カッターなどで一面をカットする。
上部の隅に切り込みを入れる。

切り込みを入れた部分を内側に
折り込み、ステープラーで留める。

≫ 完成! ≪

生クリームがとろとろ
口に入れたらふわっととろけるおいしさ

とろける
レアチーズケーキ

濃厚でふわふわとろとろ。底に敷き詰めたビスケットがアクセントになった、
見た目は白いけれど悪魔的なおいしさのレアチーズケーキです！

材料　牛乳パック型1つ分

ボトム生地
ビスケット … 9枚
（今回はマリー
ビスケットを使用）
バター … 25g

レアチーズ
クリームチーズ … 200g
生クリーム … 150㎖
砂糖 … 大さじ4

仕上げ
生クリーム … 50㎖
砂糖 … 小さじ1

下準備

・耐熱ボウルにバターを入れ、ラップをして600Wの電子レンジで30秒ほど加熱して溶かす
・クリームチーズは常温に戻す
・牛乳パック型（P89）を用意する
・型の底と側面にクッキングシートを敷く

1.

ボトム生地を作る　ビスケットはポリ袋に入れて細かく砕き、溶かしバターを加え、よく揉んでなじませる。

2.

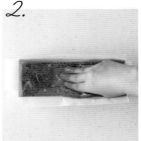

牛乳パック型に*1.*を敷き詰めてラップをかぶせ、ぎゅっと押しつける。

3.

レアチーズを作る　ボウルにクリームチーズを入れ、ゴムベラでクリーム状になるまで混ぜる。

4.

別のボウルに生クリームと砂糖を入れ、ハンドミキサーでふわっと角が立つくらいに泡立てる。

5.

*4.*に*3.*のクリームチーズを2～3回に分けて入れ、その都度ゴムベラで混ぜていく。

6.

全体が混ざったら*2.*に入れ、平らに整え冷蔵庫で半日冷やす。

7.

仕上げ用の生クリームに砂糖を加えて柔らかめに泡立て、*6.*の上にふんわりとのせるように伸ばす。

Point

・牛乳パック以外なら、12～15cmの底の外れるパウンド型を使用しましょう。
・お好みでレモン汁を加えるのもおすすめです。

ふわふわ
チョコムースケーキ

火を使わず、混ぜて冷やすだけ！オレオクッキーを底に敷くことで、見た目も可愛くなります。砂糖を足していないので、甘すぎず食べやすいケーキです。

2層の断面がキュート。上品な甘さで食べやすい

材料 牛乳パック型1つ分

ボトム生地
オレオクッキー … 4〜5枚
（なくても可）

チョコムース
生クリーム
　… 1パック（200㎖）
A 牛乳 … 大さじ2
　ゼラチン … 4g

板チョコレート
　… 2枚（100g）

生チョコクリーム
板チョコレート … 1枚（50g）
牛乳 … 大さじ2

下準備

・チョコレートは刻む
・牛乳パック型（P89）を用意する
・型の底と側面にクッキングシートを敷く

1.

ボトム生地を作る 牛乳パック型（P89参照）にオレオクッキーを大きく割って敷き詰める。

2.

チョコムースを作る ボウルに生クリームを入れ、ハンドミキサーで軽く角が立つ程度に泡立てる。

3.

耐熱容器にAを入れ、600Wの電子レンジで30秒ほど加熱する。刻んだチョコレート100gは1分加熱して溶かす。

チョコレートが固まる前に素早く混ぜるのがコツ！

4.

*2.*の生クリームに*3.*の溶かしたゼラチンとチョコレートを入れてハンドミキサーで素早くかき混ぜる。

5.

混ざったら型に流し込んで冷蔵庫で1時間冷やす。

6.

生チョコクリームを作る 耐熱容器に刻んだチョコレートと牛乳を入れて600Wの電子レンジで1分加熱して溶かし、*5.*の上にかけ、冷蔵庫で2〜3時間冷やす。

Point

・型を使う場合は、15㎝の底が抜けるパウンド型を使いましょう。
・切るときは温めた包丁を使うとスッと切ることができます。

白い寒天に散りばめられたカラフルなフルーツが宝石のよう

フルーツ牛乳寒天

彩り豊かで見た目もキュートなシンプルおやつ。火を使わず、電子レンジで手軽に作れるので、忙しい日でもパパッと作ることができます。

【 材料 】 6人分

牛乳 … 700㎖
（300㎖ +400㎖）
砂糖 … 大さじ6
粉寒天 … 6g
缶詰めフルーツ（または
生フルーツ）… ～200g

【 下準備 】

・牛乳パックは1Lのものを使用。口の部分を開いておく

1.

耐熱ボウルに牛乳300㎖、砂糖、粉寒天を入れてよく混ぜる。

2.

600Wの電子レンジで5分加熱する。かき混ぜてさらに1分加熱し、粉寒天が溶けるまでくり返す。

3.

残りの牛乳を混ぜながらゆっくり注ぎ入れる。

4.

氷水に当てながら、水気を拭き取ったフルーツと牛乳液を交互に牛乳パックに注ぎ、冷蔵庫で3〜4時間冷やす。

Point

氷水や保冷剤に牛乳パックを当てて冷やしながらフルーツを入れると、フルーツが沈まず、キレイな断面に仕上がります。

フライパンでできる
簡単おやつ

オーブンもトースターも使わない、

フライパンで作れるおやつを紹介します。

「これがフライパンで作れるの？」

といった驚きのレシピが満載です。

プリンケーキ

プリン好きにはたまらない、ホールケーキ状の特大プリン！
オーブン不使用、なんと材料4つで作ることができちゃいます。

濃厚でとってもクリーミー。豪華な見た目で記念日のケーキにも

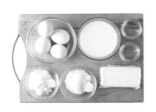

材 料

15cm丸型
（底が抜けないタイプ）1台分

カラメル
砂糖 … 50g
水 … 小さじ2
水（仕上げ用）… 大さじ1

プリン液
クリームチーズ … 200g
砂糖 … 50g
卵 … 4個
牛乳 … 200㎖

下準備

・クリームチーズは常温に戻す
・フライパンに、ケーキ型の1/3
　が浸るほどの湯（分量外）を沸
　かす

1.

お皿で作ると割れる恐れ
があるので、必ず
耐熱ボウルを使用して！

カラメルを作る　大きめの
耐熱ボウルに砂糖と水を入
れてよく混ぜ、600Wの電
子レンジで2分30秒～3分
加熱する。

2.

熱いので火傷に注意！

仕上げ用の水を加えて素早
く混ぜたら、型に流す。

3.

同じボウルを使って
洗い物を減らします！

プリン液を作る　カラメルを
作った耐熱ボウルにクリーム
チーズを入れ、泡立て器で
クリーム状になるまで混ぜ、
砂糖、卵を加えてよく混ぜる。

4.

600Wの電子レンジで1分
半加熱して温めた牛乳を加
え、泡立て器で混ぜ合わせ
る。

5.

4.のプリン液を2.の型にこし
ながら注ぎ、アルミホイルを
かぶせる。

6.

湯が沸いたフライパンにキッ
チンペーパーや布巾などを
敷き、その上に5.をのせる。

7.

フライパンにフタをし、沸騰
しない程度の弱火で約30
分湯煎焼きし、プリン液が
固まったら冷蔵庫で一晩冷
やす。

Point

・真ん中が液状でなく
　なったら焼き上がりの
　サイン。プリンが固まっ
　ていない場合、加熱
　時間を15分増やしま
　す。それでも固まらな
　い場合は、少し火力
　を強めてさらに15分ほ
　ど様子を見ましょう。
・取り出すときはナイフを
　ぐるっと一周させてひっ
　くり返すとキレイに取り
　出せます。

フライパン
ロールケーキ

手軽にロールケーキを作りたくて考案した
レシピです。卵白と砂糖をしっかり泡立
て、弱火でじっくり焼くのがおいしい生地
を作る秘訣です。

ふわふわの生地に生クリームがたっぷり
ひと口食べればしあわせが広がる♡

材料

1本分
（直径28cmのフライパンを使用）

卵 … 2個
砂糖 … 大さじ2
薄力粉
（または米粉）… 大さじ4

クリーム

生クリーム
　… 1パック（200ml）
砂糖 … 大さじ1
（または市販の
　ホイップクリーム）

粉糖（仕上げ用）… お好みで

下準備

・卵は卵黄と卵白に分ける
・生クリームと砂糖は混ぜ合わせ、角が立つまで泡立ててホイップクリームを作る

1. 卵白は冷凍庫で冷やしておくと泡立てやすい！

ボウルに卵白と砂糖を入れて、ハンドミキサーで角が立つまで泡立てる。

2. 卵黄を加えてハンドミキサーで泡立てる。とろとろと流れるくらいになればOK。

3. 薄力粉をふるい入れ、ゴムベラで底からすくうようにサックリと混ぜる。

4. 火力が強いと焦げるので気をつけましょう。

フライパンにクッキングシートを敷いて油（分量外）を塗り、その上に生地を流して平らにする。フタをして弱火で10分ほど焼いて火を通す。

5. 生地が焼けたらフライパンから取り出して冷まし、泡立てたホイップクリームを塗る。

6. クッキングシートをはがしながら半分に折りたたむ。

7. ラップで包んで形を整え、冷蔵庫でしっかり冷やす。

Point

表面をスプーンなどで触って何もつかなければ生地の焼き上がりのサインです。

ふわしゅわパンケーキ

口に入れた瞬間しゅわっと溶けてなくなる、極上の口どけのパンケーキ。
軽い口当たりでペロッと食べられます。

いつものホットケーキがグレードアップ！
休日の朝食やおやつにいかが！？

≡ 材料 ≡ 2枚分

卵 … 2個
牛乳 … 大さじ1
ホットケーキミックス
　… 大さじ4
砂糖 … 大さじ2

トッピング
バター … お好みで
粉糖 … お好みで
メープルシロップ … お好みで

≡ 下準備 ≡

・卵は卵黄と卵白に分ける

1.

ボウルに卵黄、牛乳、ホットケーキミックスを加えてよく混ぜる。

2. メレンゲが重要！しっかり泡立てて。

別のボウルに卵白に砂糖を加え、ハンドミキサーでしっかり角が立つまで泡立てる。

3.

1.に2.のメレンゲを3回に分けて入れ、その都度メレンゲをつぶさないようにゴムベラでサックリ混ぜ合わせる。

4.

フライパンにサラダ油（分量外）をひいて弱火にし、3.をお玉1杯分ずつ2枚伸ばす。

5.

スプーンで3.の生地を足し、2〜3回重ねて厚みを出す。フタをしてじっくり蒸し焼きにする。

6.

ひっくり返して再びフタをし、両面で6〜7分焼く。皿に盛り、お好みでバターをのせ、粉糖、メープルシロップをかける。

くるくるミルクレープ

ホールケーキの形のミルクレープは作るハードルが高めですが、
生クリームを挟んだ生地をくるくる巻くことで、手軽に作ることができます。

食べ出ししたら止まらない
生地とクリームの魅惑のハーモニー

材料

4〜5個分
（直径28cmのフライパンを使用）

薄力粉 … 70g
砂糖 … 大さじ1
牛乳 … 170ml
卵 … 1個
バター … 適量

クリーム
生クリーム … 100ml
砂糖 … 小さじ2
（市販のホイップクリーム
でも可）

下準備

・生クリームと砂糖は混ぜ合わ
　せ、角が立つまで泡立ててホ
　イップクリームを作る

1.

ボウルに薄力粉と砂糖を入
れ、泡立て器でしっかりと
かき混ぜる。

2.

牛乳を3〜4回に分けて入
れ、その都度混ぜ合わせる。

3.

卵を加え、さらによくかき混
ぜる。

4.

フライパンにバターをひいて
中火で熱し、3.の生地を薄
く広げる。

5.

4.をひっくり返して両面焼く。
これを生地がなくなるまでく
り返し、4〜5枚作る。

6.

5.が冷めたら、中心から外
側に向かって包丁で切れ目
を入れる。

7.

6.に泡立てたホイップクリー
ムを薄く塗る。

8.

切れ目からくるくると巻く。

とろけるチーズいも餅

甘いデザートに飽きたときにぴったりな、おかずやおつまみにもなるしょっぱいおやつ。
ボリューム満点なので、お腹もしっかり満たされます。

外はカリッ！中はとろ〜り。びみょうがさそう食欲の誘惑が

🗒 材料 🗒 4〜6個分

じゃがいも … 2〜3個
（正味約300ｇ）
水 … 大さじ1
牛乳 … 大さじ4
塩・こしょう … 各適量
片栗粉 … 大さじ3
とろけるチーズ … 4〜6枚
ケチャップ … お好みで

1.
耐熱ボウルに皮をむいて2
cm角に切ったじゃがいもと、
水を入れてふんわりラップ
し、600Wの電子レンジで
8分加熱する。

2.
全体をよくつぶす。牛乳を
入れて多めに塩・こしょうを
ふる。

3.
片栗粉を加えて、全体の粉っ
ぽさがなくなるまで混ぜる。

手のひらサイズだと
4個できる！

4.
3.を適量取り、折りたたん
だチーズを包み込む。

5.
フライパンに少量の油（分量
外）をひき、中火で焼き色
がつくまで両面で5分ほど焼
く。お好みでケチャップをつ
けていただく。

サクッとジュワッと
口いっぱいに甘さが広がる至福の味

濃厚フレンチトースト

浸け込み不要で時短！ シュガーバターのコーティングがおいしさの決め手。生地にはあえて砂糖を入れず、塩をひとつまみで甘さを引き立てました。

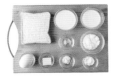

▦ 材料 ▦ 食パン1枚分

A 卵 … 1個
　牛乳 … 大さじ4
　塩 … ひとつまみ

食パン（6枚切り）… 1枚
バター … 10g
砂糖 … 大さじ2

トッピング
粉糖 … お好みで
生クリーム … 50㎖
砂糖 … 大さじ1/3
（市販のホイップクリームでも可）

▦ 下準備 ▦

・トッピング用の生クリームと砂糖は混ぜ合わせ、角が立つまで泡立ててホイップクリームを作る

Point

粉糖やホイップクリームはお好みで。メープルシロップをかけたりアイスをのせてもおいしく食べられます。

1.

バットにAを入れてよくかき混ぜ、食パンを浸して両面に染み込ませる。

2.

フライパンにバターと砂糖を入れて中火で熱し、バターが溶けたら1.を入れる。

3.

砂糖がグツグツとしたら裏返し、両面に焼き色がつくまで焼く。皿に盛り、お好みで粉糖をふり、泡立てたホイップクリームを添える。

Q おいしい料理やお菓子はどんなときにひらめくの？

全て自分が食べたいと思ったとき（笑）！「こんなお菓子が食べたいけど、冷蔵庫に生クリームはないから牛乳で作れないかな？」。毎日そんな風に考えながら、手軽にできるレシピを作っています。

Q 材料や分量の配合は、どのように決めるの？

なるべく計量しなくていいように、まずは分量をざっくりと決めて試作をし、その後自分の中で納得がいく仕上がりになるまで作り直します。実は上手くいかなくてお蔵入りになるものも、けっこうあるんです（泣）。

Q 体型維持はどうしてるの？

作ったお菓子は家族みんなで食べています。味の感想を聞いて参考にすることも。大量にお菓子を作る日が続くとジワジワ太りますが、そのあと食事量を調整しつつ体型キープできるよう頑張っています。

Q 愛用している調理グッズは？

メーカーなどにはまったくこだわっていなくて、型などは100円ショップのものを使ったりもしています。愛用しているのは耐熱ガラスボウル。電子レンジ調理が多い私のお菓子作りに欠かせないアイテムです！

Q 効率よく作るために意識していることは？

作る手順をイメージして、途中で必要になるものはあらかじめ準備しておくこと。ケーキを作るなら、先にオーブンを予熱してケーキの型紙を用意する。それだけで効率はグッと上がります。

Q 自分の中で一番のレシピは？

今回のレシピでも紹介している「プリンケーキ」（P96）は、家族から大好評♪ 私自身も大好きで、一番お気に入りのレシピです。

Q 旦那さんが一番好きなレシピは？

夫の一番お気に入りのレシピは、「いちごのタルト」（P20）だそうです！ このレシピは誕生日に作ったり、夫が私のレシピを見ながら作ってくれることも。これまで何度も作っているレシピです♪

お菓子の材料・種類別 *Index*

チョコレートを使ったおやつ

「今日は何を作ろうかな？」と迷ったらここをチェック！ メインで使用している「材料別」と、
お菓子の「種類別」にレシピをまとめているので、その日の気分に合わせて作りたいレシピを探して。

チーズを使ったおやつ

ホットケーキミックスを使ったおやつ

スコーン・ビスケット

プリン

マフィン・マドレーヌ

冷たいおやつ

食べたいときにすぐ作れる

まいにちの簡単10分おやつ

2021年12月 1 日　初版発行
2023年 4 月15日　3 版発行

著者／rako

発行者／山下 直久

発行／株式会社KADOKAWA
〒102-8177　東京都千代田区富士見2-13-3
電話 0570-002-301（ナビダイヤル）

印刷所／図書印刷株式会社

●お問い合わせ
https://www.kadokawa.co.jp/（「お問い合わせ」へお進みください）
※内容によっては、お答えできない場合があります。
※サポートは日本国内のみとさせていただきます。
※Japanese text only

定価はカバーに表示してあります。

rako

簡単料理・時短レシピ研究家。Instagramで簡単・時短レシピを投稿し、わずか1年でフォロワーが20万人を突破。公開しているレシピは、どれも家にある材料で、洗い物も少なく、簡単にできてとにかくおいしいと話題に。大人気のお手軽おやつから毎日のおかずまで、バリエーションも豊富でマネしてみたくなるレシピが満載。現在、Instagramフォロワーは33万人を超える。
Instagram：@ rako_yarikuri